HSU

AN OVERVIEW OF RELIGIOUS SOCIOLOGY

宗教社会学概論

人生と死後の幸福学

大川隆法

Ryuho Okawa

まえがき

幸福の科学大学では、宗教としての「幸福の科学」の基礎教学も学ぶことになると思う。その際に、宗教教養《しゅうきょうきょうよう》といえるためには、他の世界宗教らとの教義の異同《いどう》を、簡潔に整理しておく必要があるだろう。

本書では、一般に考えられている、世界宗教としての「仏教」・「キリスト教」・「イスラム教」を比較しつつも、社会学者マックス・ウェーバーがその『宗教社会学』で「儒教《じゅきょう》」「ヒンドゥー教」をも含めて、五つを世界宗教と分類しているので、この二つも考察の対象とした。

さらに、「キリスト教」「イスラム教」を理解する上で必須《ひっす》な宗教教養として「ユダヤ教」に言及し、「日本神道《にほんしんとう》」と「ユダヤ教」「イスラム教」「仏教」「儒教」との共通項や特徴も比較してみた。また、中国の宗教を理解する上で、「儒教」と補完関係になっている「道教」の霊的な特質に言及した。

本書により、「幸福の科学」の比較宗教学、宗教社会学における座《ざ》標《ひょう》が明らかになると思う。

二〇一四年　八月十九日

幸福《こうふく》の科学《かがく》グループ創始者兼総裁《そうししゃけんそうさい》
幸福《こうふく》の科学大学創立者《かがくだいがくそうりつしゃ》　大川隆法《おおかわりゅうほう》

宗教社会学概論　目次

宗教社会学概論《がいろん》

―人生と死後の幸福学―

二〇一四年八月十五日　説法《せっぽう》
幸福の科学「奥《おく》の院精舎《いんしょうじゃ》」にて

宗教社会学概論《がいろん》

―人生と死後の幸福学―

二〇一四年八月十五日　説法《せっぽう》

幸福の科学「奥《おく》の院精舎《いんしょうじゃ》」にて

1　宗教社会学とは何か

「宗教社会学概論《がいろん》」と題して述べてみたいと思います。題名が、少し難しく聞こえるかもしれません。「宗教学」ではなく「宗教社会学」と言っていますので、宗教には関係あるけれども、社会のいろいろな文化様式や、システム、いろいろなものへの「宗教のかかわり」を考えていこうということです。

副題として、「人生と死後の幸福学」と挙《あ》げてみました。結局、宗教社会学を研究してみると、それぞれの宗教の扱《あつか》う内容によって、「生きている間の幸福学」を扱っているものもあれば、「死後の幸福学」も扱っているものもあります。生きている間の、「この世だけ」のことにウエイトを重く置くものもあり、「来世の幸福」に重きを置いたものもありますが、いずれにしても、両者は関係してくるだろうと思います。

そこで、なぜ、これを「社会学」として言おうとしているかです。例えばの話ですが、映画にあるように、宇宙から宇宙人が飛来してきたとして、地球人を見て、「地球人と何らかのコンタクトを開始して話をしたい、付き合いたい」と思ったとしたら、当然ながら、事前に何か学習をしなければいけません。

学習する内容としては何があるかといえば、まず、言語があります。

言葉が通じるかどうかということは、やはり大事なことだろうと思います。

それから、衣食住です。着る物から食べる物、住居等の生活習慣が、どんなふうになっているかを知らなければ、地球の人間と付き合うことはなかなか難しいでしょう。

この二つはどうしても必要ですが、それ以外に例えば、「国ごとに、何か国民性というものが、いろいろあるらしい」ということも分かってきますので、その国の歴史なども勉強したいでしょう。

民族の「文化」や「風習」を決めているのは宗教であることが多い

歴史を勉強すると同時に、国が違《ちが》う以上、そこに住んでいる人たちの何かが、ほかの国の人とは違うはずです。

その「何か」に当たるものが文化だろうと思います。

文化とは何かといえば、「そこに住んでいる人たちが、どういうものを好み、どういうものを好まないのか」「どういうものを、例えば、タブー視するか」「こういうものは避《さ》けて嫌《いや》がる。こういうものは喜ぶ」とかいうことであり、これは極めて大事なことです。人間と交渉《こうしょう》しようとしたら、それを知らないといけません。

こうしたタブーのもとになっているものは何かと考えてみると、意外に、宗教がそのもとになっていることが多いのです。それぞれの国において、人々が喜んで求めるものや、あるいは嫌《きら》うもの、「こうしなければいけない」と思うような、そういう考え方のもとになっているのは宗教であることが多いと言えます。

こうしたタブーあるいは禁忌《きんき》、要するに、触《ふ》れてはならないもの、そういう、しきたりのようなものがあるので、それを知らないと、地球人と付き合うのも大変でしょう。

例えば、ある民族とは、握手《あくしゅ》しても、「構わない。フレンドリーでいい」ということになりますが、別な民族とは、握手したら怒《おこ》られる可能性もあります。民族によっては、女性の手を握《にぎ》ったりしたら怒られるかもしれないし、あるいは、同輩《どうはい》ならいいけれども、目上の者に対しては失礼に当たるかもしれないわけです。

あるところでは、〝頭を下げて〟お辞儀《じぎ》をする。けれども、別のところではしない。お辞儀をする文化があるところと、その文化がないところとが、明らかにあります。

アメリカンな雰囲気《ふんいき》だったら、どちらかと言えば〝横〟に動いて、「やあ！」「ハイ！」という感じで来ますけれども、中国や日本や韓国、タイなどの東洋系になってくると、相手が目上であってもなくても、会ったら頭を下げてお辞儀をします。仏教的な影響が強いところなどは、手を合わせたりもします。

このように、「文化」や「風習」を決めているものとして、やはり宗教があります。

宗教から、さまざまな「民族」が分かれている

さらに、その宗教は、文化や風習を決めるだけではなく、それを決める過程において、ある意味で「民族」を分けているところもあるわけです。

　もちろん、人間には、何種類かの明らかに違う外見もありますが、外見の違いを超えて、「民族」にはもっともっと種類があります。その種類は何かといえば、やはり、基本的には宗教が民族をつくっているところがあるわけです。一つの宗教を信じて、親・子・孫と長く続いて、集団で生活していると、同じ行動様式を取るようになってくるので、「宗教が民族をつくる」ということが言えるのです。

　例えば、「ユダヤ民族とは、ユダヤ教を信じている人である」という定義もあります。アメリカに生まれた白人であっても、ユダヤ教を信じたら、ユダヤ人としてカウントされる場合もあります。

　そのように、言語や、衣食住を含《ふく》んだ生活習慣、その国の歴史、文化、そして文化のもとにある宗教、宗教から民族が分かれてきているのです。こうしたことを調べていかないと、地球人の考え方の特性や、行動の特性を、特定することはできません。

宗教による行動様式の違いを分けるものとしての「社会学」

このように、ある人間について、「この人はこういうふうに考え、こういう行動パターン、行動様式を取り、こんなことを伝統的に、風習としてやっている」ということを理解していくアプローチの仕方の一つが、「社会学」でもあるわけです。

もちろん、未開の種族などであれば、文化人類学的な研究として、彼らと一緒に生活し、それを学ぶということもあります。それほど未開ではなく、もっと高度なレベルまで行っていても、やはり宗教によって行動様式は違ってきます。そういう枠組《わくぐ》みや行動様式を分けていくのに、「社会学」という考え方が出てくるといってよいのではないかと思います。

今日は、宗教に基づく宗教社会学としての考え方で、できれば、「世界の大きな宗教が、どんな考え方で、そこに住んでいる人々、民族を導いているのか」「宗教の違いによって、考え方や行動として何が違ってきているのか」「世界的な宗教や、日本の宗教も含めて、どういう宗教がどういう文化や歴史をつくってきたのか」を、概観《がいかん》的にではありますが、多少なりとも概説《がいせつ》できればと考えています。

2　宗教社会学的分析――世界宗教と民族宗教

「世界宗教」とは何か

一国だけで留《とど》まっている宗教の場合は「民族宗教」ということが多いのですが、国を超えて他の国にも広がり、たくさんの信者を持っているような宗教になると、「世界宗教」ということもあります。

通常は、世界宗教というと、「仏教」と「キリスト教」と「イスラム教」ぐらいが頭に浮かんできます。それぞれ、億の単位で信者がいます。仏教も数億人、イスラム教も十数億人いると言われており、キリスト教も、カトリックとプロテスタントを合わせたら二十億人ぐらいは信者がいるのではないかと言われています。

世界の人口は増えていますので、宗教人口も増えています。特に、アジア、アフリカ地域の人口の増加が大きく、そのあたりで今、イスラム教が勢力を伸ばしています。イスラム教の人口は、かつては十億人ぐらいと言われていましたが、今は十六億人ぐらいまで増えており、まだまだ増える可能性があって、キリスト教を超えるかもしれないという状況にあります。

大きくは、この三つが、世界宗教と言われています。

仏教は、今、三、四億人ぐらいしか信者がいないのではないかと言われています。そのうちの主力は実は日本です。日本の一億二千万人は、日本神道もかぶっているのですが、いちおう仏教徒としてカウントされている状況です。

この三つに限らず、例えば、今日の題と同じ『宗教社会学』という本を書いているドイツ人の社会学者マックス・ウェーバーは、『世界宗教の経済倫理《りんり》』という本の「序言」で、「世界宗教として考えられるのは、儒教《じゅきょう》、ヒンドゥー教、仏教、キリスト教、イスラム教。この五つだ」と書いています（『儒教と道教《どうきょう》』〔創文社〕参照）。通常は意識に上《のぼ》らないヒンドゥー教と儒教も、世界宗教のなかに入れています。

「儒教」を宗教と考えるかどうかは、分かれるところがあります。日本神道と少し似たところがあり、日本神道も「宗教ではない」と言われる場合があるように、儒教も、やや道徳や倫理に近いという考え方もあり、宗教ではないと思う人もいます。〝開祖〟の孔子《こうし》が、魂《たましい》と死後の世界について説くことをあまり好まなかった面があったために、倫理的なものであると考えられてもいます。

あるいは、「治世《ちせい》の学」として、秩序や社会制度をつくるための学問として捉《とら》えられていた向きもありますが、中国から朝鮮半島、徳川時代の日本等、極東の地域では広がりを見せたので、マックス・ウェーバーは儒教も世界宗教の一つとしてカウントしています。

さらに、「ヒンドゥー教」が入っているところが不思議です。ヒンドゥー教は、主としてインドにしかないと思えるのですが、インドの人口が現在、おそらく十二億人はいるだろうと言われています。中国が十三億人余りと言われているので、もう近づいています。十二億人のうち、十億人近くは、おそらくヒンドゥー教ではないかと言われています。

ヒンドゥー教は、釈迦《しゃか》以前の古来のヴェーダという教えを守っていたバラモン教が、だんだんに伝わってきて、少し近代化したところもあり、日本神道的な雰囲気を持った広がり方をしているものです。世界の人口が今、七十億人くらいで、そのうちの十億人ぐらいを占《し》めているということであれば、数的に見ればかなり大きいものです。インド亜《あ》大陸も一つの大陸と見て、マックス・ウェーバーは世界宗教としてカウントしたということです。

大東亜《だいとうあ》戦争は「日本神道の世界宗教化」の試みでもあった

このへんの考え方には、若干《じゃっかん》違いはありますが、それぞれの宗教に関係性があります。

もちろん、キリスト教の前の段階である「ユダヤ教」という宗教もありますが、実際、イスラエルに住んでいる人は八百万人前後ですし、世界に散っているユダヤ人を入れても千数百万人ぐらいしかいないと言われています。影響力はあったけれども、世界宗教というには、やはり、小さいと思います。

それから、日本人にとっては、「日本神道」も世界宗教に入れてほしいところですが、今のところ、日本以外では、残念ながら信仰されていません。

先の第二次世界大戦において、日本は「八紘一宇《はっこういちう》」や「大東亜戦争」という考え方で、欧米の植民地解放戦争の大義を掲《かか》げて戦いました。これは、もしかしたら、ある意味で、「日本神道の世界宗教化運動」の第一波だったのではないかという感じはします。

明治維新《いしん》が起き、日本が近代国家になって、日本神道の神々が日清《にっしん》戦争と日露《にちろ》戦争で勝ち、さらに第一次大戦の戦勝国に連《つら》なって、世界の五大大国と呼ばれるようになっていた。その段階で、「日本神道を外国にも広げたい」という思いが、精神的な面として、あったのではないでしょうか。

この世的には、地上での政治や外交、戦争の面があったと思いますが、もう一つ、精神的な面では、日本神道の神々の「日本神道を世界に広げたい」という気持ちは、あったのではないかと思います。たまたま、今日（収録日）は八月十五日で終戦記念日に当たりますが、その戦争とも絡《から》んで、そうしたことについて深く思われることがあります。

要するに、日本が戦争で外国に勝って占領したところでは、たいていの場合は鳥居《とりい》が建てられ、日本型の信仰がなされるようになりました。朝鮮半島や中国、インドネシア、その他のところにも、そういうことが起きましたが、それぞれ土着の信仰を持っていたところもあり、外国の神様が来るときには反対が起きることはよくあります。こうした面での、日本神道による精神的なイデオロギー支配のようなものに抵抗した面は、あったかと思います。

でも、「これは第一波であったのではないか」という感じが、私はしています。

日本神道の鳥居を見ると、韓国人や中国人は非常に嫌悪《けんお》感をもよおすというようなことがあり、日本の敗戦後は、鳥居を切り倒して燃やしたりするようなことがたくさん行われました。宗教というのは、それほど難しいものであって、他の民族にその宗教を教え込むのは、それほど簡単なことではないのです。

「民族と一体化」した宗教を変えさせるのは簡単ではない

キリスト教でもそうです。フランシスコ・ザビエルが種子島《たねがしま》に来て、九州地方から伝道し、京都、大阪に入りました。それから五百年近い歳月が経《た》ち、明治維新以降も西洋化して、第二次大戦の敗戦後もキリスト教国が日本を占領したわけですが、それでも日本の宗教をキリスト教化することはできませんでした。ということは、宗教というものは、押し付けることは、そう簡単ではないということです。

例えばフィリピンであれば、スペインが植民地化した時点でキリスト教に変えさせています。ハワイも、アメリカが植民地にしたあとはキリスト教になっています。土着の信仰はあったはずですが、ハワイやフィリピンはキリスト教国になっています。

しかし、日本では古来、たくさん宗教があり、非常に強い力を持っていたために、（キリスト教の）シェアとしては一パーセント以上取ることができなかったということです。戦争では、完全に無条件降伏という状態に追い込まれても、宗教を変えることまではできませんでした。

インドにおいても、同じようなことが言われています。イギリスの支配が百五十年あまり続きましたが、イギリス人が植民地としてのインドに、自分たちの西洋文化としての生活様式を持ちこんで、ホテル様《よう》のものを建てて住み、洋風生活をしている分にはよかったものの、インドの土着の人たちの信仰をキリスト教に変えるというのは、やはり、極めて困難なことであったようです。

インドでは、マザー・テレサのような方が、病院や赤十字と間違うような活動までして貧民層を救おうとして、今もその団体がやっています。そうした具体的に目に見える、この世的な援助であれば、最初は反対運動で石をぶつけたりしていた人たちも、受け入れるようにはなっています。

ただ、「心のなかで神様を信じるというところまでいっているのかどうか」ということは、〝微妙な〟関係だと思います。それほど、宗教というのは、「民族と一体化したもの」であり、そんなに簡単なものではないということです。

戦争や植民地化により「重層的信仰《じゅうそう》」が生まれる

世界で、宗教に変動が起きるときは、たいていの場合、そうした戦争や植民地化によって支配権が及《およ》んだときに、その国王ないし統治者が信じる宗教に、全部変わっていくことが多かったわけです。

ヨーロッパがキリスト教になっていくのも、もともとゲルマンの宗教があったところに、ローマ帝国のシーザーが占領をかけていったあたりから、少しずつキリスト教が浸透《しんとう》して、イギリスまで入っていきました。

キリスト教が次第にヨーロッパを席巻《せっけん》しつつも、逆に、ゲルマンの森の宗教、〝魔法使い〟の宗教や、イギリスのストーンヘンジで儀式をしていたドルイド教などの宗教が、キリスト教に影響を与えるようなことがあり、やはり、どうしても重層的になってきます。土着の信仰、先祖古来の宗教の上に、新しい宗教が乗ってきて、重なってくることが多いのです。この重層的信仰のことを、宗教学的には、「シンクレティズム」と言います。たいてい、そういうかたちになり、根っこの部分は、そう簡単に取り除くことができないわけです。

キリスト教が日本で伝道するときでも、宣教師はずいぶん来たのですが、キリスト教徒をつくっても、迫害されたこともずいぶんありま

●ドルイド教　現在のイギリスやフランスを中心に、記録上では紀元前3世紀頃から住んでいた、古代ケルト人の宗教。キリスト教の伝来に伴い、迫害され、衰退した。

した。日本の土着の信仰としての神道や、仏教から迫害されたこともあれば、武士団も絡んで迫害されたこともありました。やはり、日本神道の神様の概念と、キリスト教が教えているものとの違いを、日本人は感じ取っていたのではないかと思います。

3　宗教社会学的分析――日本の宗教について

日本には神道がありながら、仏教を取り入れ消化してきたいくつかの宗教があるので、話の順序は難しいのですが、たまたま、当会が日本から始まっているので、日本から簡単に始めようと思います。

「では、なぜキリスト教は、日本をキリスト教で〝染《そ》め上げる〟ことに成功しなかったのか」ということを考えてみたいのです。

仏教は日本に入りました。「古来の神々を守るべきだ」という物部《もののべ》氏の主張 対 仏教移入派の蘇我《そが》氏と、その蘇我氏と組んだ聖徳太子《しょうとくたいし》との戦いがあり、仏教を日本に入れることには成功したのですが、かなり血腥《ちなまぐさ》いことも起き、聖徳太子の死後、一族が皆殺しにされるようなことさえありました。そのような悲しい、国を分けての〝神仏の戦い〟は一部あったわけですが、それでも仏教は、日本に根を下ろすことができました。

これは、日本神道が、教えの部分で、仏教を「高等宗教」として受け入れたということだと思います。仏教のなかにある学問性のようなものを受け入れたのは、中国や朝鮮半島、その他のところを見て、

「やはり（日本神道には）足らざるところがある」と思ったのだろうと思います。仏教自体が、先進的な学問の面も持っていたと思います。要するに、「漢字が読める」とか「技術が学べる」というようなところもあって、進んでいた国から学ぼうとしたということです。今、アメリカに行って勉強して帰るのと同じような効果が、仏教国から学ぶこととして、あったわけです。

鎌倉《かまくら》時代には、栂ノ尾《とがのお》の明恵上人《みょうえしょうにん》という方がいました。明恵上人は、唐《とう》の時代に入唐《にっとう》した僧侶や、宋《そう》の時代に入宋《にっそう》した僧侶たちが、羨《うらや》ましくて仕方がなくて、「中国に渡り、さらに天竺《てんじく》（インド）まで渡って、何とかして仏教の本家のところで勉強したい」と願いに願い、和歌山の浜辺に行って、「この海は天竺までつながっているのに、行くことができないのは悲しい！」と泣いていました。

彼が泣いていた、ちょうどそのころ、一二〇三年にインドでは、イスラム教徒が乱入して仏教寺院が破壊され、仏教の僧侶たちが皆殺しになるという事態があり、事実上、仏教の消滅が十三世紀の頭に起きているのです。

明恵上人は、そのことを知らずに泣いてはいたけれども、そこに、不思議なことに春日明神《かすがみょうじん》が現れ、「天竺へ行くべきでない」、あるいは、その手前の「中国に行かなくていい」というようなことを夢枕《ゆめまくら》に立って告げに来たという、不思議な話も出ています。

こういうことで、仏教が流行《はや》るにも、仏教が神道と合体するにも、なかなか時間はかかりましたが、それを日本は消化してきました。

秀吉《ひでよし》は、キリスト教国に侵略される恐れを感じていた

さらに、そのあと、徳川家康《とくがわいえやす》の政策もあって、儒教が二百何十年の間、日本に深い影響を及ぼしました。

その前には、家康の前に秀吉、秀吉の前に織田信長《おだのぶなが》がいました。信長は、キリシタンの伴天連《ばてれん》（渡来の宣教師たち）によってキリスト教を入れようとした部分があったのですが、途中で横死《おうし》しています。信

長の天下になったら、あるいは、日本でキリスト教がもっと栄えたかもしれません。

残念ながら、秀吉のときには、「キリスト教は少し危険度がある」ということが分かったらしいのです。ちょうど一五〇〇年代の終わりぐらいですから、すでに大航海時代が始まっており、「スペインやポルトガルを中心にして、世界のキリスト教の強国がいろんな国を占領しているらしい」ということは、情報としてもうすでに入っていました。

明治維新の少し前に、中国がアヘン戦争で負けて、上海《シャンハイ》あたりが欧米列強に切り取られ、それを見て、明治維新が日本でも加速されたということがあります。実は、それよりも前、秀吉の時代に、「キリスト教が軍隊と一体になって占領政策を進め、世界に広げようとしている」ということを、彼はキャッチしていました。「これは、気をつけないと乗っ取られる怖れがある。宗教だけでなく、鉄砲《てっぽう》で武装した軍隊まで入ってくる怖れがある」と、秀吉は考えたということが分かっています。

信長は、比叡山《ひえいざん》や高野山《こうやさん》などの寺、あるいは伊勢や北陸の一向宗《いっこうしゅう》の一向一揆《いっこういっき》に対し、弾圧と言うか虐殺《ぎゃくさつ》に近いことも、かなりやっていますが、秀吉は、見逃すようなことを、そうとうやっています。そのように、為政者によって政策が違うところがあるのですが、秀吉自身は、侵略される怖れを感じたのだと思います。

それと同時に、先ほど、「第二次大戦が、日本神道の海外進出の第一波かもしれない」と述べましたが、もしかすると、その前の〝エピソードゼロ〟として、秀吉が朝鮮出兵をして大明《だいみん》帝国まで支配しようとしたあたりに、ここにも何らかの、日本神道的な拡張主義はあったかもしれません。ただ、残念ながら、秀吉の晩年でもあったということと、戦《いくさ》に疲れ、国内も、もう一つ力が十分ではなかったこともあり、朝鮮の役《えき》で勝つことができずに終わりました。

このように、宗教が軍事や政治と絡んで、その支配圏を広げたり縮めたり、押したり引いたりすることは、結構、起きると言えるでしょう。そういう意味で、宗教側から見れば、「政治」や「軍事」は、よくウオッチしておかねばならないし、政治系のほうから見れば、「宗教」をよく見てから動かなければいけないと思います。

日本神道の「教え」の特徴①――禊祓《みそぎはら》い

日本の神道は、世界宗教にはなりきれていませんが、一億人あまりの信者を緩《ゆる》やかに持っていると考えていいと思います。「日本国民の象徴として天皇を戴《いただ》いている以上、一億二千万以上の信者がいる」という考え方もあるでしょう。

日本神道の宗教的特徴は、いったい、どんなところにあるでしょうか。「基本的に、教えがない。鳥居をくぐって参拝するだけだ」と言われていますが、よく考え、ほかの宗教との比較上で見てみると、教えがないわけでもありません。

まず、「禊祓い」をよくやることに気づきます。「穢《けが》れを落とす」ということです。これは非常に霊的な意味も持っており、この世的な意味での穢れのようなものを落とさないと、神様に会えないということです。ある意味で、仏教の「心の塵《ちり》を払う。心の塵を落とす」という「反省」の考え方と、極めてよく似た部分があります。

要するに、穢れを落とさないといけないのです。水ですすいだり、幣《ぬさ》で祓《はら》ってもらったり、いろいろな仕方があります。あるいは、柏手《かしわで》を打つのも実は「破邪《はじゃ》」の行為なのです。手を叩《たた》いて音が「ポンポン」と出ることで、〝憑《つ》いているもの〟が離れることがあります。

そのように儀式性を持ってはいますが、特徴として、「禊祓い」という面は強く感じます。神様に相対峙《あいたいじ》する前に、まず、浄《きよ》めなければいけないのです。

日本の相撲《すもう》も、やはり国技ですので、たとえモンゴル人や、その他の外国勢が横綱や大関にいたとしても、土俵に上がったら、ご神事であり、「神様の前で相撲を取って見せる」ということなので、塩を撒《ま》いていています。塩を撒くことで、神様がお出ましになるところを浄めている部分があるわけです。塩で浄めることもあるし、水でも浄めることができるということで、宗教的な禊祓いの儀式を持っています。

日本神道の「教え」の特徴②――和《わ》の心

さらに、日本神道を詳しく見て、「教えがないと言いながら、本当にないわけではない」なかで、特徴的なものを見ると、「和の心」と「武士道の心」という、一見、両立しない心が、そのなかにあることが見てとれます。

日本神道の伝統のなかには、調和を大事にする「和」の心があります。「争いごとを円《まる》く収めて、調和をし、心を清らかに、平らかにする」という教えがあります。

これは、「礼節を守る」という考え方ともつながっていく教えです。この考え方は、先ほど述べた中国の儒教とも関係があります。儒教も、宗教として見ると、礼節を非常に大切にする宗教です。中国の春秋戦《しゅんじゅうせん》国《ごく》時代に流行った宗教として、「礼節」、あるいは「礼楽《れいがく》」、つまり「礼」と「音楽」を取り入れたのは、非常に珍しいことです。

この部分を、日本神道が一部、引き継いでいる面はあると思います。ただ単に、「儒教が入ってきた」というだけでなく、日本神道のオリジナルのなかにある、そうした「和の心」から、礼節の心が出てきていると思います。こういうところに、例えば、「茶の湯」や「生け花」その他、日本独自の美しい儀礼の方式が出てきていると考えていいでしょう。

日本神道の「教え」の特徴③――武士道

もう一つは、新渡戸稲造《にとべいなぞう》も『武士道』という本を書き、日本の精神を明らかにしましたが、この「武士の心《もののふ》」というものもあります。

これは、「やまとごころ」と「大和魂《やまとだましい》」の違いかもしれません。

「やまとごころ」のなかには、一部、そうした柔らかで穏《おだ》やかな心があり、「大和魂」のなかには、大義のためには命を賭《と》して戦うという、男らしい部分もあります。

そういう戦《いくさ》の部分もあり、日本神道には古来、戦神《いくさがみ》が非常に多くいます。『古事記』『日本書紀』から見てきても、伝統的に戦神が多く、「戦で勝利した人が神様になる」という傾向は極めて強いのです。

中世から近代になっても、戦で、予期せぬ奇跡的な勝利を収めたりした人は、神社が建って神様になるということが、よくありました。先ほど述べた豊臣秀吉も、豊国《ほうこく》神社が建ちましたし、徳川家康も、日光東照宮《にっこうとうしょうぐう》の「権現様《ごんげんさま》」という神様になっています。近代では、もちろん明治天皇も、明治神宮で神様扱いされています。東郷《とうごう》神社では、東《とう》郷平八郎《ごうへいはちろう》というバルチック艦隊を破った方も神様扱いされています。このように、日本ではそうした戦神を祀《まつ》る傾向がありました。これは、武士道精神であると思います。

こうした、「禊祓いの心」「和の心」「武士道」。これらが、日本的な、全体としての「やまとの心」として、日本神道が伝えてきた精神ではないかと思います。

日本的精神と、「儒教」「仏教」「ユダヤ教」との類似点

こういう面から、ほかの宗教を逆照射して見ると、先ほど述べたよ

うに、「和の心」のなかにある礼節を重んじる心は、儒教ともつながっている部分があると思います。もう一つ、どちらかというと平和や調和を求めるところや、禊祓いというかたちでの「反省」をするというところでは、仏教にも似ている面がある気がします。

「武士《もののふ》の心」のところは、「戦をして勝ってこその神様である」という考えも、あるわけです。戦に勝って、自らの民族である国民を守り、敵を倒した。今のアメリカでも、そうした英雄を「ヒーロー扱い」します。

こうした〝ヒーロー〟を神様として祀る傾向は、他のところにはないかといえば、古代のユダヤ教も、戦に勝つ英雄を「メシア」として迎え入れる傾向はあります。戦に勝つリーダーであって、かつ、預言《よげん》者《しゃ》的に神の言葉を受けることができたりすると、「メシア」「救世主」と言われていた伝統があるわけです。

多神教的側面における「日本神道」と「ヒンドゥー教」の類似点

先ほど述べたヒンドゥー教は、割と、日本神道によく似た宗教です。ヒンドゥー教と日本神道を比べてみると、かなり似ている面もあります。

ヒンドゥー教は基本的には多神教で、もともとはアニミズム的な面

●アニミズム　山や風、海や川、動物など、すべてのものに霊魂や精霊が宿っているとする、自然崇拝的な信仰形態。

も持っています。日本の神道にもアニミズム的なものはありますが、ヒンドゥー教では、この世に生きている動物など、いろんなものが神格化するところがあります。例えば、猿《さる》の神様のハヌマーンや、象《ぞう》の神様のガネーシャが出てきたりします。日本にも、お稲荷《いなり》さんや蛇神《へびがみ》のようなものを祀るなど、霊力《れいりょく》、呪力《じゅりょく》を持っている動物をいろいろ祀る傾向がありましたが、インドにもその傾向はあります。

そういう意味で、ヒンドゥー教は、アニミズム的なものから発展した多神教の部分を持っていながら、同時に、高度な人格神としての高等なレベルの神々もおり、さらに、その上には、最高神としてヴィシュヌ神がいることになっています。最高神はいるけれども、一神教としての「一神」ではないということです。「これしかいなくて、他はない」という考え方ではなく、「いちばん上の至高神《しこうしん》としての最高神はいるけれども、その下の段階に、いろんな神様がいる」という考えが、ヒンドゥー教の考え方であるわけです。

この考えは、非常に日本人に合う考えです。仏教とともに、背景には、このヒンドゥー教も一緒にくっついて入ってきていると思われる面があります。そうした「多様な価値観」とも言うべき、多様な神様の存在を受け入れる傾向が、日本にもあったと思います。このへんは、よく似ているところがあったのでしょう。

ヒンドゥー教のヒンドゥー（Hindu）とは、インド（India）のことです。ヒンドゥー教とは「インド教」なのです。昔は「バラモン教」と呼ばれていました。

この「インド教」のもとになったバラモン教では、「ヴィシュヌには、顔がたくさんある」と言われています。よく仏像などで、顔がたくさんあるものを見ることもありますが、「神様にはいろいろな顔があるのだ」ということです。そのなかで、例えばゴータマ・シッダールタ、お釈迦様という人がインドに出たのも、ヒンドゥー教では、「ヴィシュヌの化身《けしん》なのだ。化身として、仏陀《ぶっだ》という顔で出てきたのだ」と考え、矛盾なく存在できるところがあります。

4 宗教社会学的分析――一神教と多神教

ユダヤ教の「一神教」と戦闘色の強さには関係がある

こうした多神教系統の宗教は、インドにもあり、日本にもありますが、やはり世界の大きな流れとして、「一神教か多神教か」ということは、大きな分かれ目であると思います。

はっきり言えば、完全な一神教というのは実際上、なかなかありえないのですが、思想として、一神教の傾向を強く押し出しているように見えるところは、古代の「ユダヤ教」です。ユダヤ教とイスラム教が、一神教としての面は極めて強いと思います。「神様は一人だ」として、それ以外のものは否定してくる傾向です。

古代のユダヤ教であれば、神を「ヤハウェ」と呼んだり、「エホバ」と呼んだりすることがありますが、「そうした神様が、天地創造の神であり、かつ、唯一の神であって、それ以外の神は全部偽物《にせもの》だ」というような思考を持っています。

そういう考えと、戦闘色の強さとは、関係があります。自分たち以外のものに対して、討《う》ち滅《ほろ》ぼす傾向を持っています。

ですから、ヤハウェを形容するときに、「万軍《ばんぐん》の主《しゅ》ヤハウェ」という言葉がよく使われています。「一万の軍を持っている軍隊指揮官のヤハウェ」ということです。神様が軍隊を指揮しているというわけです。連合艦隊司令長官ではありませんが、「軍隊のトップがヤハウェの神でもある」という考え方です。

要するに、小さな民族であるがゆえに、敵から攻《せ》められることが多く、「民族を守る」ということが、神様にとって、きわめて大事な、大きな仕事だったということを意味しているのではないかと思います。

ムハンマドが一神教を打ち出した理由

また、六世紀の終わりから七世紀にかけて中東の地で起きた、イスラム教という宗教があります。ムハンマドを預言者とした宗教で、これも一神教を強く言います。

「アッラー」という言葉そのものは、「神」という意味ですが、「アッラーしかないのだ。アッラー以外の神は偽物なのだ」ということで、一神教を立てています。ユダヤ教とイスラム教には、「一神教を立てる」という面が、非常に明確に出ています。そして、それ以外のものを否定します。

これはもちろん、「ムハンマドがアッラーの啓示を受けて、『コーラン』という基本的な教えができた」ということがもとになっているわけですが、ムハンマドは「唯一神信仰《ゆいいつしんしんこう》」ということを強く打ち出しました。打ち出さざるを得なかった面もあります。

もともとムハンマドは、メッカの名門のクライシュ族に生まれました。メッカでは、神様が三百六十ぐらいいたと言われています。いろんな門柱《もんちゅう》に、いろんな神様を祀っているような状態でしょうか。それぞれの名門家の守り神みたいな神様が、たくさんいたわけです。

このメッカで、アッラーの一神教を説いたために、彼は迫害され、南のほうのメジナ、サウジアラビアのほうに転戦しなければいけなくなりました。そのメジナで敵を迎《むか》え撃《う》ち、最後にはメッカまで攻め上って占領し、統一国家を建てました。

イスラム教には、そうした戦争と関係のあるところで、一神教としての面が非常に強く出ています。ムハンマドは、メッカの勢力に勝つためにも、自分の出身のメッカで信仰されている、いろんな神々を打ち壊《こわ》す必要がありました。その意味で、偶像崇拝《ぐうぞうすうはい》を否定し、祀られている神様方を壊していったわけです。

多神教のエジプトから出たモーセが、なぜ一神教を説いたか

ただ、考えてみれば、例えばギリシャでもローマでも、実際は多神教です。ギリシャ神話にもローマ神話にも、神々はたくさん出てきます。多神教であるから、神々の像はたくさんあります。

同じように、エジプトも多神教ですし、そもそも、歴代の王様が神格を持った神様になっている例が数多くあります。強大な国家をつくった王様や、偉大な徳のある王様は、神様として祀られていたところがあります。ギリシャやローマは、その根っこにあるエジプトの宗教

から影響を受けていると思いますが、多神教がもとになっているわけです。

このなかから一神教が出てきたのは、非常に珍しいことです。エジプトの流れのなかにモーセが出て、一神教を最初に説きました。

モーセは、ユダヤ人がエジプトに連れて行かれ、奴隷《どれい》として仕えていたときに、葦舟《あしぶね》に乗せて川に流した子供でした。その子供を王女が拾って、自分の子として育てました。モーセは成人してから、「実は自分は、奴隷であったユダヤ人である」という出生の秘密を知り、イスラエルの同胞たちがピラミッドづくり等の奴隷的な活動をずっとやらされていることを知って、「出《しゅつ》エジプト」を成《な》すわけです。

モーセは大人になるまでの間、エジプトの王宮で、稀《まれ》に見る幸運ではありますが、普通の王族の子として教育を受けていました。ちょうど彼の前ぐらいに、アメンホテプ四世、イクナートンとも言われる、非常に有名で力を持った方がいました。この人が「アトン信仰」という一神教信仰をつくり、多神教のエジプトのなかで、自分のときだけ、一神教の太陽神信仰のようなものを一時期、説いていました。けれども、亡くなると同時に、もとに戻り、また多神教になりました。

モーセは、この一神教が宮廷のなかに入っていた時代に教育され、影響を受けたらしいのです。それで、一神教の傾向を持っているのだと、一般的、宗教的には言われています。

出エジプトと一神教の成立

『旧約聖書』によれば、数字が厳密であるかどうかは知りませんが、モーセは六十万人の成人男子と、婦女子と、家畜も入れた大部隊で出エジプトを成し、紅海《こうかい》と言われるところを割りました。

と言っても、今、紅海と言われているのはすごく深い海なので、あの海を割ったとは思えません。紅海より少し北のほうに、浅い沼沢地《しょうたくち》があります。そこは季節によっては、東側から強い季節風が吹いたときに、確かに沼の水が割れて、渡れるようになるときがあるのです。

たぶん、そういう現象とも関係があるのではないかと思いますが、出エジプトのときに、運よく紅海を割るという現象が起き、モーセは奴隷たちを引き連れて、エジプト軍の追跡の手を逃《のが》れ、そのあとに波がもと通りに戻って、追跡する王の軍勢は溺《おぼ》れたということになっています。

これは、やや〝出来すぎ〟ではあります。六十万人の成人男性とその家族ということになれば、おそらく二百万人近い人数です。「二百万人が渡り切ったときに、波がもとに戻って王様の軍勢だけが沈む」というのは、そんなにうまくはいかないだろうと思われます。ものすごい長蛇《ちょうだ》の陣であろうと思うので、そう簡単にはいかないだろうと思いますが、このへんの数字について細かい追及はしないことにして、脱出には成功したということだろうと思います。潮の満ち引きによって起きたのか、東風によって水が割れたのかは分かりませんが、何らかの奇跡だと感じられるような現象があり、運よく追撃を逃れることができ、王の軍勢のほうが大量の被害を受けたということがありました。

これは、ラムセス二世の軍勢であるという説もあれば、ラムセスの次の、メレンプターの治世の時代だったという意見もあります。ラムセス二世は、今のアメリカの大統領なみに力のある強大な王様だったので、映画の「十戒《じっかい》」では、ラムセス二世がモーセの相手役で出てきています。しかし、その子供のメレンプターの時代であったのでないかという説も有力です。私も、どちらかといえば、そちらではないかと思っています。

ピラミッドをつくるのには四十年ぐらいかかります。王様に即位してから、自分の墓をつくりはじめるのですが、四十年ぐらいかかる作業ですので、生きている間に出来上がらないことも多かったと思われます。

その後、モーセがシナイ山で神から啓示を受け、「我《われ》のみを神とせよ」と言われたあたりで、一神教が出てくるわけです。イスラム教は、ユダヤ教とキリスト教の影響を受け、これらの二つを下地にしながら、受け継いで出てきています。

『コーラン』のなかには、呼び方はアラビア語風になっていますが、モーセやイエスが出てきたり、七大天使が出てきたりして、ごっちゃになっているところがあります。ただ、それらを下敷きにして出来たものなので、イスラム教は、ユダヤ教やキリスト教と「兄弟宗教」と言ってよいと思います。

その意味で、イスラム教は一神教の系譜を、ちゃんと受けているわけです。しかし、「では、ユダヤ教のヤハウェあるいはエホバと言われる存在と、アッラーという存在が一緒かどうか」というところでは、お互いになかなか認めません。ここが、戦争がいまだに収まらないところでもあります。

イエスは「十字架の意味」を悟っていたか

その間に挟《はさ》まった、イエスが二千年ほど前につくったキリスト教では、イエス自身は生きていたときに、「自分は新たな世界宗教を起こすべく送られた魂である」というところまでの自覚は、たぶん、なかったであろうと思います。イエスの言葉を見ると、「自分もユダヤのラビ（宗教教師）の一人なのだ」という考えを持っていたようです。イエス自身の自己意識も、預言者の系譜《けいふ》のなかの一人という意識だったのではないかと思います。

それが、最後の段で、どこまで昇華《しょうか》して上昇したかは、少々、分かりかねるところがあります。イエスが最後にエルサレムに入城し、十字架に架《か》かるときの心境、悟りがどうであったかということが、キリスト教の最大の秘密であろうと思います。

おそらく、「十字架の意味を、イエスが悟っていたか、いなかったか」が、大きな鍵でしょう。「十字架と、そのあとの復活が、次は世界宗教になっていくものなのだ」ということを知っていたかどうかが、大きなところであろうと思います。

今のユダヤ教を信じている人たちは、イエスを預言者の一人だと認めてはいますが、救世主としての「メシア」としては認めていません。メシアというのは、先ほど述べたように、実際に国を守るために戦って、勝たなければいけないのです。勝たなければいけないし、神の声も聞こえなければいけない。預言者のように神の声も聞ける人が、同時に、戦って勝つこと。これで、メシアとして認定されるのです。

「メシア」という言葉は、「油を注《そそ》がれし者」という意味です。油は高級品なので、それを注がれし者ということは、「選ばれし者」という意味です。英語では、よく、「チョーズン・ワン（chosen one）」と言いますが、メシアはチョーズン・ワンでなければいけないわけです。その意味では、ユダヤ人的に考えれば、イエスはメシアの条件を半分しか満たしていないということになります。

「キリストが実在したか」という説が出る理由

ですから現代でも、いまだに、「キリストは本当に実在したか」というような本が出たりします。「イエスは、そういう意味の救世主、あるいは宗教家ではなかったのではないか」ということです。

当時は、パリサイ派とサドカイ派という、有力なユダヤの教派があり、これを敵として、イエス教団は戦っていたことになっていますが、もう一つ、同時代に「熱心党《ねっしんとう》」というものがありました。これはユダヤ独立派で、「ローマ軍に抵抗し、何とかして主権を回復して独立しよう」という独立運動が盛んでした。

実は、十二弟子のうちの一人で、「裏切りのユダ」と言われた方は、この熱心党員だったのではないかと言われています。熱心党員であるユダが、イエスの大変な影響力のある説法を聞き、イエスが丘の上から数千人に対してメッセージを送り、みんながこれに聞き入っているのを目にして、イエスにはアジテーター（扇動《せんどう》者）としての才能があると見て、「この人を立てれば、民族のリーダーになって、ローマと戦って勝てるのではないか」と思ったのではないかという、極めて有力な説があります。

ユダは、そういうふうにイエスをつくっていきたかったけれども、イエス本人は、「カイザルのものはカイザルに、神のものは神に」と言い、「神の世界は心の世界である。この世の世界は支配者であるカイザル、つまりシーザー、皇帝のものだ」という二分法を使いました。

これが政教分離の始まりであるといえば、そうなのですが、これに対してユダは、「イエスはメシアの定義にも値《あたい》しないし、自分が本来やっていた独立運動にも合致《がっち》しない」ということで納得できず、イエスを裏切ったのではないかという説が、一つあります。

こういうものを受けて、「イエスは実在したか」「イエスは宗教家ではなく、政治革命をやろうとして頓挫《とんざ》し、十字架に架かっただけなのではないか」という解釈をする人が、いまだに出てくることがあります。これは、「イエスは救世主の仕事を半分しかできなかった」という評価です。

キリスト教が世界宗教になった理由とは

ただ、これが本当に「半分」だったかどうかについては、もう一つ別の面があります。イエスが、この世的な支配者、例えばイスラエルの支配者として、小さな一国を建てて守ったところで、キリスト教が世界宗教にならなかった可能性は、極めて高いのです。

イスラエル民族も、非常に独自性が強くて排他性が強い民族なので、自分たちの国だけを守ったり、その版図《はんと》を広げたりすることには熱心だけれども、「世界の人々を幸福にしよう」というような考えが、もともと、あまりなかった民族です。

彼らは、奴隷としての被害意識もあった民族であり、旧約のイザヤの時代やエレミヤの時代等に外国の勢力に攻められて、ネブカドネザル二世のときには、とうとうバビロン捕囚《ほしゅう》をやられて奴隷になりました。エジプトの次にもう一回、今度は今のイラクあたりにあったバビロンの首都に連れて行かれ、奴隷にされた時期があったわけです。

今、韓国の人たちが強い被害意識を持っていますが、ユダヤの人たちは、これと似たような意識を持っていた面はあるのでないかと思います。

イエスが地上の支配者にならず、精神界の支配者になろうとしたがゆえに、それがローマに飛び火し、新しい宗教になって、世界に広がっていくことにより、世界宗教と化した面があると思います。

旧約の神と、イエスを指導した「愛の神」は違っていた

もう一つ、宗教的な面から見れば、ユダヤ人はその小さな国を守りながら神様を信じていましたが、本当は複数の神様方が指導していた

と思われます。そのなかで、イエスを特に強く指導した神は、どうも、『旧約聖書』でもともと、「妬《ねた》みの神」と訳されていたエホバとは、違う面があるのではないかというところです。

『旧約聖書』には、自分の民族だけを愛し、それ以外に対しては迫害したり、自分を信じない者に対しては、すごい〝罰《ばち》〟を与えたりする、極めて人間的な人格神が現れていますが、イエスを指導している神様は、「愛の神」であり、人を愛し、隣人《りんじん》を愛することを教えています。『旧約』の教えのなかにも、そういうものが少し出ていますので、そういう教えはすでに説かれていたのだとは思いますが、イエスにあっては、その「愛の神」の力が非常に強く出てきていると言えるのではないかと思います。

ですから、ユダヤ教とキリスト教が袂《たもと》を分かっている理由は、本当は中東地域でいろんな神々が一緒に協力してはいたのでしょうが、「『主神《しゅしん》』と思っていたものに、違いがあったのではないか」と考えられます。目に見えぬ世界であるし、人間には神様の姿は見えなかったので、そのへんの誤解の余地はあり、声だけで、それが誰であるかを分けるのは、難しかったのではないかというところがあります。

ユダヤ教・イスラム教と仏教の「戒律《かいりつ》宗教」としての違い

イスラム教は一神教で、偶像崇拝も廃止していく考え方です。ユダヤ教とイスラム教が一神教を強く言い、さらに、この両方とも「戒律宗教」です。戒律が非常に強い宗教であるという特徴を持っています。戒律が強く、軍事的にも戦いの勝ち負けを非常に大事にする、軍事的な特色も持っている宗教だということが、言えると思われます。

もちろん、戒律宗教ということでは、ネパール・インドの釈迦仏教においても、釈迦は戒律をだいぶつくっています。「比丘《びく》の三百四十八戒、比丘尼《びくに》（女性僧侶、尼《あま》）の五百戒」というように、戒律がたくさんあります。しかし、これは基本的には、教団のなかの出家修行者たちの守るべきルールとして何百条もあったものであり、在家の人にはそういう戒律は当てはまっていません。

在家に対しては、有名な「五戒《ごかい》」があります。その五戒も、「全部を守れたら望ましいが、全部守れなくても構わないので、自分が守れるところだけでも守りなさい。『殺すなかれ』を守れるなら守りなさい。『盗《ぬす》むなかれ』を守れるなら守りなさい。『犯《おか》すなかれ』を守れるなら守りなさい」というように、在家の人には五戒あたりまでを提示し、「このなかから、自分が守れる範囲でいいから守りなさい」という程度の〝緩《ゆる》い〟考え方です。戒律主義は、出家教団のなかでだけ強かったのです。

この意味で、仏教は、古代のユダヤ教やイスラム教とは少し違います。ユダヤ教やイスラム教の戒律は信者全員にかかってくるので、かなり厳しいものがあると言えるのではないかと思います。

「キリスト教は一神教ではない」と考えたムハンマド

ところで、ムハンマドは、ユダヤ教やキリスト教を研究した結果、「キリスト教は一神教ではない」と判断しているのです。

日本人は、このあたりをご存じでない方も多いと思いますが、キリスト教には、いわゆる「三位一体《さんみいったい》の説」というものがあります。「父と子と聖霊の三つが一体になっている」という考え方ですが、ムハンマドは、これに対して独特の解釈をしています。「キリスト教の教えで言えば、イエスは神の独り子《ひとりご》だ。では、神様は人間のようなもので、奥さんもいて、子供もいたということか」と考えたのです。天地創造の神様を、奥さんもいて子供もいる神様に〝引きずりおろした〟わけで、「キリスト教は、厳密には一神教とは違うのではないか」と、「天なる父」を違うように理解したようなところがあります。

情報が十分でなかったところもあるのでしょうが、「聖母マリア信仰」というものも立ち上がっていたので、ムハンマドは、聖母マリア信仰に対しても、「要するに、天なる父の奥さんか」と思っていたようなところがあります（笑）。「夫婦神《ふうふしん》がいて、子供として長男のイエスがいて、はっきり言えば、神様が三人いるではないか」ということです。「三位一体」は父と子と聖霊であり、聖霊とは天使たちでしょうが、「父なる神がいて、教え主としてのイエスがいて、聖母マリア信仰もある」と。イエスが生存中のマリアは、それほどの活躍をしたとは思えないので、聖母マリア信仰は、あとから、だんだん立ってきたものなのです。ムハンマドは、このへんを見て、「キリスト教は多神教の変形である」と見ていたところがあります。

そういう意味で、ムハンマドは、ユダヤ教と同じくキリスト教に対しても、「イエスはユダヤの預言者の一人であり、自分より前に出た預言者であることは間違いない。しかし、アッラーの教えを直接受けた、『一神教の悟り』を広めようとしているような宗教ではない」という判断をしています。ここが、両者（イスラム教とキリスト教）の意見がなかなか合わない部分かと思います。

イスラム教は幸福の科学と同じく「霊言《れいげん》宗教」だった

イスラム教では、「ムハンマドが二十五歳のとき、倒れているところを、旅の商人の長であった、十五歳ぐらい年上の四十歳ぐらいの女性に救われて、結婚した。十五年ぐらい結婚生活を送ったうえで、四十歳ぐらいのとき、紀元六一〇年ぐらいに、メッカの郊外のヒラーの丘の洞窟《どうくつ》のなかでお籠《こ》もりをしているときに、神の声を聴いた」ということになっています。

この経緯については、いろいろあります。あとから、いとこのワラカの意見により、「それは神の声ではなく、ガブリエル（ジブリール）を通じての声だった」ということに変えています。その洞窟のなかで、首を絞《し》められるような感じで、「誦《よ》め！　誦め！」というような声が来て、コーランの内容を暗唱させられたということです。

ですから、マホメット自身は経典を書いていないのです。マホメットのあとを継《つ》いだ宗教指導者をカリフと言い、初代、二代、三代がいましたが、のちのカリフが言った言葉等を書き写して、コーランをつくったということです。三代目カリフのウスマーンの時代に、第二回目の結集《けつじゅう》のようなことがなされて、現在のコーランの原型がだいたい固まったと言われています。

そのようなことで、イスラム教は、「当会がやっているのと同じような、いわゆる霊言《れいげん》宗教だった」というところが、非常に特徴的です。イスラム教徒は、意外に、霊言型の宗教については、よく理解しているだろうと思われます。

　ただ、私のように、「何らかの神、あるいは指導霊を呼んで話をさせる」というかたちではなく、ムハンマドの霊能力の問題もあろうかとは思いますが、事実上は失神状態で、意識を失ったような状態でしゃべっていたと言われています。あとで、「お前は、こういうことをしゃべっていたぞ」と言われて、その内容を覚えるという感じだったらしいのです。

　今から六十年以上前に、エドガー・ケイシーという人が生きていましたが、エドガー・ケイシーなどと少し似たかたちかもしれません。ケイシーは催眠《さいみん》状態に陥《おちい》って、眠っている状況で、「指導霊と思われる者や、いろいろなスピリット（霊）が来て、いろいろなことをしゃべる」ということで、それを「リーディング」として録《と》っていたものがあります。それと同じ形態に近いものです。

最近、霊言を録った、天理教《てんりきょう》の教祖である中山みきも、やはりそのような感じで、「神が来て、語ったり書いたりする」というようなことであったと言われています。(『天理教開祖 中山みきの霊言』参照)

同じ霊言型宗教ではありますが、私のほうは、「意識を失わずにコントロールできる」というところに、はっきりとした違いがあるような気がします。

ただ、イスラム教徒にとっては、幸福の科学が霊言を多数出しているという意味は、たぶん、とてもよく分かるだろうと思います。これを理解できる宗教は、ほかにもあるのではないかと考えます。

日本神道、古代ユダヤ教、イスラム教の「つながり」とは

イスラム教は、最近の霊査《れいさ》によれば、「日本神道とのつながりがあるのではないか」ということも分かってきています。これは、世界的にそう簡単には認められることではありませんが、日本で神武《じんむ》天皇として生まれた方が、イスラエルで、旧約の預言者の第二イザヤとして現れた方ではないかという、霊査の結果が出ています。さらにその次には、ムハンマドとしても中東の地に生まれたのでないかと言われて

います。（二〇一四年五月二十日「第一イザヤ、第二イザヤの謎を解く」を収録）

確かに、考えてみると、神武天皇とムハンマドは、軍事によって国をつくり、宗教性も同時に兼《か》ね備えています。「宗教的な中心でもありながら、軍事的にも国を建てる中心であった」という意味においては、確かによく似ているところがあります。その可能性は非常に高いとは思えるのですが、これは今のところ、世界的に認知されるのには、少々、時間がかかる説であろうと思います。

もし、ここまで行くとすれば、日本神道と古代ユダヤ教と、それからイスラム教まで、つながりが出てきます。おそらく、キリスト教ともつながりはあるはずです。キリスト教の時代に出た（転生した）方が、日本の神々のなかにもいるだろうと思いますので、世界の宗教は、だいたいつながってくるのではないかと思います。

5　現代世界の宗教社会学的問題と日本の役割

現代世界における宗教社会学的「三つの問題」

世界の今の問題としては、「ユダヤ教系イスラエル」対「イスラエルを取り巻くイスラム教の国々」の戦いが、非常に大きな問題として一つあります。

さらには、「キリスト教国」対「イスラム教国」の戦いがあります。

これは主として、文明的に今のところ劣勢《れっせい》であるイスラム側のなかの、原理主義者と言われる、「純粋に、原点に戻って、ムハンマドの時代のようなものを再現しよう」と思っている方々の、過激なテロ行為によって、「テロ」対「民主主義国」の戦いのようなかたちで、なされています。たぶん、そう簡単に終わることではないだろうと思います。もう一つは、中国や、かつてのソ連であるロシアなどもそうですが、「マルクスの唯物論《ゆいぶつろん》を受けた無神論国家」対「信仰のある国家」の戦いもあります。これが、解決しなければいけない大きな問題として存在するということです。

「ロシア正教《せいきょう》」の復活と唯物論勢力

今ロシアでは、「ロシア正教」が復活し、宗教を信じたり、言論の自由も認めたりする方向が出てきています。

しかし最近、クリミア、ウクライナ問題等を通して、またロシアと欧米との関係が険悪《けんあく》になっています。日本との関係でも、北方領土で軍事演習をしたりしています。これは、日本が欧米に同調して制裁をしようとすることに対する不満の表れかと思いますが、もう一つには、日米関係の分断という目標もあるかと思います。こうした、「ロシアや中国にいったん広がった唯物論勢力を、どうやって正しい方向に回復させるか」という問題はあります。

ロシアは、キリスト教の一派であるロシア正教という宗教を持っていますが、やはり、キリスト教国同士でも戦争をするのです。渡部昇一《わたなべしょういち》氏は、「キリスト教国がなぜ、イエスの教えに逆らって戦争をよくするのか、あるいは帝国主義的侵略をするのか、長らく分からなかった」という内容のことを書いています。

彼は、「どうも、ヨーロッパにキリスト教が広がったときに、ゲルマンの宗教が、逆にキリスト教国のなかに入ってしまったのではないか」と結論づけています。「ある程度ゲルマンの宗教を認めないと、キリスト教がヨーロッパに入れなかった面があったためだ」ということです。ゲルマンの宗教とは、はっきり言えば、バイキングや森の狩人《かりゅうど》たちの宗教です。「海賊《かいぞく》や森の狩人たちの宗教が入ってきたために、キリスト教にも戦闘的な面が入ったのではないか」と言われています。

ただ、「古代のユダヤの指導者たちもキリスト教国に転生《てんしょう》している」と考えれば、キリスト教国が戦いをするのも分かる面はあると思います。

日本にも及んだ、「儒教」の長い影響力

中国も、春秋戦国時代という、今から二千五百年ぐらい前の百年ぐらいの間に、「百家争鳴《ひゃっかそうめい》」と言われるくらい、いろんな思想家がたくさん出て、当時は、どの人が偉いか分からないような状態だったと思います。今の日本で言えば、言論人が非常にたくさんいて、いろんな意見を述べているような感じに少し近かったでしょう。

今から二千五百年前に、それだけ多様な思想がたくさん出たというのは、すごいことだと思います。孫子《そんし》の兵法のようなものを説く人も

いれば、孔子のような教えを説く人も出ました。孔子より少し年上の老子《ろうし》のような、「無為自然《むいしぜん》」の道を説く人もいました。それから、少し変わった『韓非子《かんぴし》』という本を書いた韓非のような人もいました。さまざまな先生たちがたくさん出て、文化的に非常に興隆《こうりゅう》があった、盛り上がった時代だろうと思います。

儒教は、孔子および、孔子の孫世代に当たる人たちが復興した孟子《もうし》の時代を経て、秦《しん》の始皇帝《しこうてい》に一回、「焚書坑儒《ふんしょこうじゅ》」をやられました。それが、また盛り返して、だんだん、学問的に、出世の制度として取り入れられていきました。

それが明代《みんだい》ぐらいまで続き、清《しん》の時代になって、ぐらついたということですが、儒教が非常に長く中国の歴史を彩《いろど》りました。日本も、先ほど述べたように、徳川時代に家康らが儒教で国を治めようとした部分がありました。その意味で、非常に大きく長い影響力があったと思います。

儒教独自の教え「智《ち》・仁《じん》・勇《ゆう》と、徳《とく》の発生」

儒教は宗教というより、「学問性」や「道徳性」が非常に強く、新しい特徴としては、霊的な面についての教えが十分ではありませんが、やはり、独自の教えはあったと思います。

例えば、「智・仁・勇の三つを合わせて、徳が発生する」という考え方が一つ出てきています。「徳」という考え方はギリシャ哲学的にもありましたが、こちらは非常に中国的に出してきたものです。

ギリシャでは要するに、「神に愛される、神近き人物で、学徳を積んだ人のなかに、徳が生まれてくる。瞑想《めいそう》的な生活をして、天上界と同通することができるような、聖人化した人の徳がある」と考えていたのだと思います。

中国では、「智・仁・勇。すなわち、智謀《ちぼう》があり、民衆を愛する仁の心があり、さらに勇気を持っている、この三つを備えている人は徳がある」という考え方があります。徳のある「君子《くんし》」をつくっていく教えが儒教だということで、孔子は生涯、君子というものに憧《あこが》れ続けた人です。

儒教は「宗教的ではない」とは言えない

儒教には、霊的なところが、やや薄い面はあります。けれども、周《しゅう》という国を治めた、今では伝説の人になっている周公《しゅうこう》という人が、孔子の憧れの人物でした。祭政一致ができるような、徳望があって国をよく治めた方です。孔子はこの周公に憧れて、その理想の政治をこの世に実現しようという運動をやっていたわけであり、そういう意味で、

「ユートピア運動をやっていた」と言ってよいと思います。

当時の中国は何カ国にも分かれていたので、孔子はいろんな国に行って自分の勧める政治のあり方を教えましたが、非常に理想主義的であったため、どこでもなかなか受け入れてもらえませんでした。魯《ろ》の国で一時期、司法大臣のようなことをやった程度で、それ以外には、あまり使われませんでした。孔子は全国をいろいろ歩いていたので、いろいろなところで弟子ができていて、彼を慕《した》う人は三千人ぐらいいたと言われていますが、この世的には、それほど成功しなかった方ではあります。

その孔子が自分を嘆《なげ》くときに、「ああ、自分も、もう年老いたのかな。夢のなかにも周公が出てこなくなった」と言っています。もうすでに亡くなっている方が、夢のなかに霊的な現象として現れてくるということを、彼は実体験していたのだと思います。

また、孔子については、「怪力乱神《かいりきらんしん》を語らず」と言われています。つまり、「魂や鬼、デーモン、悪魔といったものについて、あまり学問的には語らない」という、カントのようなところが孔子にあったのは事実です。

しかし、彼は生涯、「天《てん》」ということについては語り続け、「天帝《てんてい》」や「天」という言葉を語っていました。この「天」を「アッラー」と呼ぼうと、「ヤハウェ」と呼ぼうと、「仏《ほとけ》」と呼ぼうと構わないでしょうが、「天」という言葉で天上界の支配者のことを呼んでいたので、「宗教的でない」とは言えないと思います。

文化大革命における儒教の迫害と現状

そのように、かつて秦の始皇帝の時代に迫害された儒教が、近代では、また、毛沢東《もうたくとう》の奥さんだった江青《こうせい》たちの「四人組《よにんぐみ》」という、力を持った人たちが、「文化大革命」を起こし、そうとう中国文化を破壊しました。マルクス主義に基づく唯物論で破壊をして、孔子関係のものも、そうとう迫害を受け、孔子像も引き倒されたりしました。

この時代を生きた人は非常に大変で、国外に脱出した人が多かったと思います。私が以前、鍼《はり》の治療を受けた女の先生は、お父さんもお母さんも有名な中国の俳優だったらしいのですが、文化大革命のときにお父さんが捕《つか》まって獄死《ごくし》したので、日本に逃げてきて、日本人と結婚して日本に住んでいました。「あの時代は本当にひどかった」と言っていました。「毛沢東思想や自分たちの方針に合わない者は、すぐに連行して処刑する」というようなことが、かなりあったと思われます。

そのあと、中国には資本主義の精神が少し入ったのですが、精神的な意味での民主主義や、ヨーロッパ的な良き伝統は、必ずしも入っていませんし、他の宗教的な良き伝統も十分に入っていません。

ただ、欧米に何とかして対抗するため、中国は今、「孔子学院」というものを建てています。中国の誇る賢人として、ソクラテスやキリストに匹敵《ひってき》するような人としての孔子を立て、何とか、また世界の精神的な求心力になろうとして努力していることは事実です。しかし、今のところ、非常に政治的な意図が強すぎて、純粋な文化運動や純粋な信仰運動としては、十分には認められません。

本当の意味で孔子の精神を忠実に体現するなら、「智・仁・勇」だけではなく、例えば、「礼の心」がなければいけないでしょう。「礼《れい》楽《がく》」という礼節や音楽です。それから、「忠義《ちゅうぎ》の心」「忠孝《ちゅうこう》の心」があります。上の者に対しては「忠」であり、親に対しては「孝」でなければいけない。また、義理を守るという意味の「義」がなければいけない。こうした精神も、日本の武士の世界には、だいぶ入り込んできたものです。

こうしたものが、もう一度取り戻されなければいけないわけですが、今のところ中国は、孔子の教えのなかで〝使えるもの〟だけを使おうとしているようです、要するに、「体制をつくって上下の関係をピッチリ固める」という、家康が考えたような、体制安定型の形でだけ孔子の思想を使いつつ、欧米の文化的なものが中国を侵《おか》すのを止《と》めようとしているように、今のところは見えます。

中国版「宗教改革」の可能性――自助論的思想と道教《どうきょう》信仰

ただ、中国は、お金儲《かねもう》けには非常に熱心です。ある意味では、香港《ホンコン》や中国の南部が、経済的繁栄を非常に目指していて、『自助論』のときの資本主義の精神のようなものが、まさしく今、金儲けに熱心な中国の人たちの間で非常に流行っています。ここから、また、「新しい精神運動」と結びついたかたちでの成功に結びついていけば、国として別なものになっていく可能性もあるのではないかと、私としては緩《ゆる》やかに期待しているところです。

それ以外に中国では、特筆すべき大きなものとして、「道教」があります。儒教の、霊的な部分が足りないところや、信仰的な面が十分ではないところを、実は道教が補《おぎな》っているのではないかと思います。儒教と道教が、表と裏のようになっていて、「出世をするには儒教の教えだが、信仰を持って霊的に生きるなら道教」というところがあります。

老子や荘子《そうし》が、だいたい、道教の主唱者と考えていいと思います。道教のなかには、「易《えき》」や「占《うらな》い」も入っていれば、「霊術」的なものや「仙術《せんじゅつ》」なども入っており、〝一種の魔法〟みたいなものも入っていたり、「霊現象」を伴う部分もあって、民間信仰としては、これも水面下で流れています。

このへんが、中国の〝地下水脈〟として流れているものです。何らかのかたちで、こういうものが噴き出してきて、新しい宗教改革の波が起きてくるのではないかと考えています。

イスラム教の現代的でない面をどう解きほぐすか

イスラム教も、例えば、『コーラン』のなかには、「神の言葉」として宗教的な面もかなり入っているのですが、憲法や民法、あるいは刑法、商法に当たるような教えもたくさん入っています。要するに、この世のしきたりのようなものをたくさん説いている部分があるのです。こうした、「神の教え」と一緒に、法律のようなものが現在まで続いてきているということ自体が、非常に希有《けう》な例であると思います。現在まで、それを解釈で乗り切ってきているところを見れば、ある程度の耐久力はあったのかと思います。

ただ、時代遅れになった面は、そうとうあります。例えば、現代の目で見れば、女性に対する差別というか、事実上のセクハラのようなものが制度化されているところは、そうとうあると思います。どこかで、それを考えなければいけないでしょう。

人権問題に相当するような行為に対して、それに対する報復の罪が重すぎるようなところもあります。いまだに、「石打ちの刑」が存在したり、夫婦のなかで疑わしきことが起きたときに、夫が妻を呪詛《じゅそ》したり、妻が呪詛したり、そんなことが、いまだに残っているところもあり、やや現代的ではない面は、そうとうあると思います。

イギリスに亡命したマララ・ユスフザイさんが、よく訴えているように、イスラムの女性も顔を出して学校に通えるような時代にしなければいけないと思います。今のままでは、普通の欧米型の議会制民主主義には、そう簡単に、ならないと思います。

ただ、イスラム教は、仏教のように出家者がいるわけではなく、基本的には、みんな〝在家〟でやっているのです。出家者はいなくて、教学をやる「教師」あるいは「学者」として、イスラム教学者がいるわけです。

あまりに強圧的すぎる面もあるので、もう少し「寛容さ」を出していかなければ、交わることは難しいのではないかと考えています。このへんのところを、どのようなかたちで解きほぐしていき、〝世界の混乱の種〟を乗り越えていくかが、次なる課題です。

「東洋のギリシャ」としての日本への期待

また、キリスト教の「愛の教え」自体は素晴らしいものであるけれども、それが今、「戦いの原理」にもなって、イスラムともぶつかっています。これに対し、日本の「和」の考えを何かで出していくことはできないかどうか、考えたいと思っています。

日本についても、過去の遺産を清算し、日本の良き伝統や美徳のなかで外国に伝えていけるものがあれば、何とかそれを伝えていって、交流していくことが望ましいと思います。

今、かつてのギリシャやローマ、あるいは、かつての古代ユダヤやエジプトのように、偉い神々が、現代の日本にも数多く集中して生まれて（転生して）きていますので、何らかの文化的高みがしばらく続いていくのではないかと推定します。そして、「東洋のギリシャ」としての位置づけを、日本が持つようになるのではないかと思っています。

そういう意味での幸福の科学があり、幸福の科学大学での学問的な教えが、「世界の学問」に影響を与えるような未来がやってくると、非常に望ましいことなのではないかと考えている次第です。

宗教がつくった「民族としての枠」を乗り越えていくために

今日は、世界宗教と思われる「三大宗教」のみならず、ヒンドゥー教や儒教をも入れた「五大宗教」と、「日本の伝統的な宗教」についても述べました。

仏教についての話が十分には説けていませんが、仏教についての話は、当会のなかでは比較的、数多く説かれていますので、特別に大きく取り出して言わなくても、理解している方はすでに多くいるのではないかと思います（二〇一四年八月、「仏教論」シリーズとして五冊発刊）。

「日本神道」と「仏教」と「儒教」の三つが、日本的精神の根底に流れており、さらに明治以降、キリスト教の精神が洋風文化とともに入ってきていますが、まだ信仰として根付いているわけではなく、マスコミなどが倫理判断をするときに、キリスト教的基準をよく使うというレベルで止《とど》まっているように、私には見えるということです。

いずれの宗教においても、一種の壁《かべ》はあります。国という枠《わく》での限界があり、宗教がつくった「民族としての枠」の限界がありますので、これを何とかして乗り越えていかねばならないと思います。

これで、世界宗教と、その周辺の有力な宗教についての、大枠の概説は終わったということで、「宗教社会学概論」としたいと思います。

あとがき

現在進行形の宗教であり、その発祥《はっしょう》の時点から三十数年しか経ってない「幸福の科学」が、その初代教祖、開祖にあたる私自身の手で、比較宗教学的観点からみて、『宗教社会学概論』を書き下《お》ろしたことに、一種の驚きを禁じえない方もいるだろう。

幸福の科学という宗教は、個別、独尊的《どくそんてき》なものではない。その初期の基本書である『太陽《たいよう》の法《ほう》』『黄金《おうごん》の法《ほう》』『永遠《えいえん》の法《ほう》』の時代から、世界の宗教を十分に考究した上で、基本教義が編まれている。歴史観（時間論）を中心に記述されている『黄金の法』などは、その初版本が出た一九八七年にも、「東大の教養学部のテキストとして十分に使える」と評されたぐらいである。当会は、著者の比類《ひるい》なき霊能力と、百科全書的知性との「絶対矛盾《ぜったいむじゅん》の自己同一《じこどういつ》」（西田幾多郎《にしだきたろう》）の産物として生まれたものである。この点、学問性という点では、近代の宗教としては群を抜いているといっても過言《かごん》ではあるまい。

二〇一四年　八月十九日

幸福《こうふく》の科学《かがく》グループ創始者兼総裁《そうししゃけんそうさい》

幸福《こうふく》の科学大学創立者《かがくだいがくそうりつしゃ》　大川隆法《おおかわりゅうほう》

『宗教社会学概論』大川隆法著作関連書籍

『太陽の法』（幸福の科学出版刊。以下同）
『黄金の法』
『永遠の法』
『繁栄の法』
『奇跡の法』
『宗教の挑戦』
『沈黙の仏陀』
『神武天皇は実在した』
『天理教開祖　中山みきの霊言』

宗教社会学概論《しゅうきょうしゃかいがくがいろん》
――人生《じんせい》と死後《しご》の幸福学《こうふくがく》――

2014年8月20日　初版第1刷

著者　大《おお》川《かわ》隆《りゅう》法《ほう》

発行所　幸福の科学出版株式会社
〒107-0052 東京都港区赤坂2丁目10番14号
TEL(03)5573-7700
http://www.irhpress.co.jp/

印刷・製本　株式会社 東京研文社

落丁・乱丁本はおとりかえいたします

ISBN978-4-86395-534-9 C0014

大川隆法 ベストセラーズ・「幸福の科学大学」が目指すもの

「ユング心理学」を宗教分析する

「人間幸福学」から見た心理学の功罪

なぜユングは天上界に還ったのか。どうしてフロイトは地獄に堕ちたのか。分析心理学の創始者が語る現代心理学の問題点とは。

1,500円

究極の国家成長戦略としての「幸福の科学大学の挑戦」

大川隆法 vs. 木村智重・九鬼一・黒川白雲

「人間を幸福にする学問」を探究し、人類の未来に貢献する人材を輩出する——。新大学建学の志や、新学部設立の意義について、創立者と語り合う。

1,500円

政治哲学の原点

「自由の創設」を目指して

政治は何のためにあるのか。真の「自由」、真の「平等」とは何か——。全体主義を防ぎ、国家を繁栄に導く「新たな政治哲学」が、ここに示される。

1,500円

法哲学入門

法の根源にあるもの

ヘーゲルの偉大さ、カントの功罪、そしてマルクスの問題点——。ソクラテスからアーレントまでを検証し、法哲学のあるべき姿を探究する。

1,500円

※表示価格は本体価格(税別)です。

大川隆法ベストセラーズ・「幸福の科学大学」が目指すもの

「未来創造学」入門

未来国家を構築する新しい法学・政治学

政治とは、創造性・可能性の芸術である。どのような政治が行われたら、国民が幸福になるのか。政治・法律・税制のあり方を問い直す。

1,500円

経営の創造

新規事業を立ち上げるための要諦

才能の見極め方、新しい「事業の種」の探し方、圧倒的な差別化を図る方法など、深い人間学と実績に裏打ちされた「経営成功学」の具体論が語られる。

2,000円

政治哲学の原点

「自由の創設」を目指して

政治は何のためにあるのか。真の「自由」、真の「平等」とは何か——。全体主義を防ぎ、国家を繁栄に導く「新たな政治哲学」が、ここに示される。

1,500円

法哲学入門

法の根源にあるもの

ヘーゲルの偉大さ、カントの功罪、そしてマルクスの問題点——。ソクラテスからアーレントまでを検証し、法哲学のあるべき姿を探究する。

1,500円

幸福の科学出版

大川隆法ベストセラーズ・忍耐の時代を切り拓く

忍耐の法
「常識」を逆転させるために

人生のあらゆる苦難を乗り越え、夢や志を実現させる方法が、この一冊に――。混迷の現代を生きるすべての人に贈る待望の「法シリーズ」第20作！

2,000円

「正しき心の探究」の大切さ

靖国参拝批判、中・韓・米の歴史認識……。「真実の歴史観」と「神の正義」とは何かを示し、日本に立ちはだかる問題を解決する、2014年新春提言。

1,500円

自由の革命
日本の国家戦略と世界情勢のゆくえ

「集団的自衛権」は是か非か！？ 混迷する国際社会と予断を許さないアジア情勢。今、日本がとるべき国家戦略を緊急提言！

1,500円

幸福の科学出版

Noblesse《ノーブレス》 Oblige《オブリージ》　「高貴なる義務」を果たす、「真のエリート」を目指せ。

幸福の科学学園
中学校・高等学校（那須本校）

Happy Science Academy Junior and Senior High School

私は、
教育が人間を創ると
信じている一人である。
若い人たちに、
夢とロマンと、精進、
勇気の大切さを伝えたい。
この国を、全世界を、
ユートピアに変えていく力を
出してもらいたいのだ。

（幸福の科学学園 創立記念碑より）

幸福の科学学園 創立者
大川隆法

幸福の科学学園（那須本校）は、幸福の科学の教育理念のもとにつくられた、男女共学、全寮制の中学校・高等学校です。自由闊達な校風のもと、「高度な知性」と「徳育」を融合させ、社会に貢献するリーダーの養成を目指しており、2014年4月には開校四周年を迎えました。

幸福の科学グループの教育事業

Noblesse《ノーブレス》 Oblige《オブリージ》

「高貴なる義務」を果たす、
「真のエリート」を目指せ。

2013年 春 開校

幸福の科学学園
関西中学校・高等学校

Happy Science Academy
Kansai Junior and Senior High School

私は日本に
真のエリート校を創り、
世界の模範としたい
という気概に満ちている。
『幸福の科学学園』は、
私の『希望』であり、
『宝』でもある。
世界を変えていく、
多才かつ多彩な人材が、
今後、数限りなく
輩出されていくことだろう。
（幸福の科学学園関西校 創立記念碑より）

幸福の科学学園 創立者
大川隆法

滋賀県大津市、美しい琵琶湖の西岸に建つ幸福の科学学園（関西校）は、男女共学、通学も入寮も可能な中学校・高等学校です。発展・繁栄を校風とし、宗教教育や企業家教育を通して、学力と企業家精神、徳力を備えた、未来の世界に責任を持つ「世界のリーダー」を輩出することを目指しています。

幸福の科学学園・教育の特色

「徳ある英才」の創造

教科「宗教」で真理を学び、行事や部活動、寮を含めた学校生活全体で実修して、ノーブレス・オブリージ(高貴なる義務)を果たす「徳ある英才」を育てていきます。

天分を伸ばす「創造性教育」

教科「探究創造」で、偉人学習に力を入れると共に、日本文化や国際コミュニケーションなどの教養教育を施すことで、各自が自分の使命・理想像を発見できるよう導きます。さらに高大連携教育で、知識のみならず、知識の応用能力も磨き、企業家精神も養成します。芸術面にも力を入れます。

一人ひとりの進度に合わせた「きめ細やかな進学指導」

熱意溢れる上質の授業をベースに、一人ひとりの強みと弱みを分析して対策を立てます。強みを伸ばす「特別講習」や、弱点を分かるところまでさかのぼって克服する「補講」や「個別指導」で、第一志望に合格する進学指導を実現します。

自立心と友情を育てる「寮制」

寮は、真なる自立を促し、信じ合える仲間をつくる場です。親元を離れ、団体生活を送ることで、縦・横の関係を学び、力強い自立心と友情、社会性を養います。

幸福の科学学園の進学指導

1 英数先行型授業

受験に大切な英語と数学を特に重視。「わかる」(解法理解) まで教え、「できる」(解法応用)、「点がとれる」(スピード訓練) まで繰り返し演習しながら、高校三年間の内容を高校二年までにマスター。高校二年からの文理別科目も余裕で仕上げられる効率的学習設計です。

2 習熟度別授業

英語・数学は、中学一年から習熟度別クラス編成による授業を実施。生徒のレベルに応じてきめ細やかに指導します。各教科ごとに作成された学習計画と、合格までのロードマップに基づいて、大学受験に向けた学力強化を図ります。

3 基礎力強化の補講と個別指導

基礎レベルの強化が必要な生徒には、放課後や夕食後の時間に、英数中心の補講を実施。特に数学においては、授業の中で行われる確認テストで合格に満たない場合は、できるまで徹底した補講を行います。さらに、カフェテリアなどでの質疑対応の形で個別指導も行います。

4 特別講習

夏期・冬期の休業中には、中学一年から高校二年まで、特別講習を実施。中学生は国・数・英の三教科を中心に、高校一年からは五教科でそれぞれ実力別に分けた講座を開講し、実力養成を図ります。高校二年からは、春期講習会も実施し、大学受験に向けて、より強化します。

5 幸福の科学大学(仮称・設置認可申請中)への進学

二〇一五年四月開学予定の幸福の科学大学への進学を目指す生徒を対象に、推薦制度を設ける予定です。留学用英語や専門基礎の先取りなど、社会で役立つ学問の基礎を指導します。

授業の様子

詳しい内容、パンフレット、募集要項のお申し込みは下記まで。

幸福の科学学園 関西中学校・高等学校

〒520-0248
滋賀県大津市仰木の里東2-16-1
TEL.077-573-7774
FAX.077-573-7775
[公式サイト]
www.kansai.happy-science.ac.jp
[お問い合わせ]
info-kansai@happy-science.ac.jp

幸福の科学学園 中学校・高等学校

〒329-3434
栃木県那須郡那須町梁瀬 487-1
TEL.0287-75-7777
FAX.0287-75-7779
[公式サイト]
www.happy-science.ac.jp
[お問い合わせ]
info-js@happy-science.ac.jp

仏法真理塾

サクセスNo.1

未来の菩薩を育て、仏国土ユートピアを目指す！

仏法真理塾「サクセスNo.1」とは

宗教法人幸福の科学による信仰教育の機関です。信仰教育・徳育にウエイトを置きつつ、将来、社会人として活躍するための学力養成にも力を注いでいます。

サクセスNo.1 東京本校（戸越精舎内）

「サクセスNo.1」のねらいには、「仏法真理と子どもの教育面での成長とを一体化させる」ということが根本にあるのです。

大川隆法総裁　御法話「『サクセスNo.1』の精神」より

仏法真理塾「サクセスNo.1」の教育について

信仰教育が育む健全な心

御法話拝聴や祈願、経典の学習会などを通して、仏の子としての「正しい心」を学びます。

学業修行で学力を伸ばす

忍耐力や集中力、克己心を磨き、努力によって道を拓く喜びを体得します。

法友との交流で友情を築く

塾生同士の交流も活発です。お互いに信仰の価値観を共有するなかで、深い友情が育まれます。

●サクセスNo.1は全国に、本校・拠点・支部校を展開しています。

東京本校
TEL.03-5750-0747　FAX.03-5750-0737

名古屋本校
TEL.052-930-6389　FAX.052-930-6390

大阪本校
TEL.06-6271-7787　FAX.06-6271-7831

京滋本校
TEL.075-694-1777　FAX.075-661-8864

神戸本校
TEL.078-381-6227　FAX.078-381-6228

西東京本校
TEL.042-643-0722　FAX.042-643-0723

札幌本校
TEL.011-768-7734　FAX.011-768-7738

福岡本校
TEL.092-732-7200　FAX.092-732-7110

宇都宮本校
TEL.028-611-4780　FAX.028-611-4781

高松本校
TEL.087-811-2775　FAX.087-821-9177

沖縄本校
TEL.098-917-0472　FAX.098-917-0473

広島拠点
TEL.090-4913-7771　FAX.082-533-7733

岡山本校
TEL.086-207-2070　FAX.086-207-2033

北陸拠点
TEL.080-3460-3754　FAX.076-464-1341

大宮拠点
TEL.048-778-9047　FAX.048-778-9047

全国支部校のお問い合わせは、
サクセスNo.1 東京本校（TEL. 03-5750-0747）まで。
メール info@success.irh.jp

エンゼルプランV

信仰教育をベースに、知育や創造活動も行っています。

信仰に基づいて、幼児の心を豊かに育む情操教育を行っています。また、知育や創造活動を通して、ひとりひとりの子どもの個性を大切に伸ばします。お母さんたちの心の交流の場ともなっています。

TEL 03-5750-0757　FAX 03-5750-0767
メール angel-plan-v@kofuku-no-kagaku.or.jp

ネバー・マインド

不登校の子どもたちを支援するスクール。

「ネバー・マインド」とは、幸福の科学グループの不登校児支援スクールです。「信仰教育」と「学業支援」「体力増強」を柱に、合宿をはじめとするさまざまなプログラムで、再登校へのチャレンジと、進路先の受験対策指導、生活リズムの改善、心の通う仲間づくりを応援します。

TEL 03-5750-1741　FAX 03-5750-0734
メール nevermind@happy-science.org

ユー・アー・エンゼル！（あなたは天使！）運動

障害児の不安や悩みに取り組み、ご両親を励まし、勇気づける、障害児支援のボランティア運動です。学生や経験豊富なボランティアを中心に、全国各地で、障害児向けの信仰教育を行っています。保護者向けには、交流会や、医療者・特別支援教育者による勉強会、メール相談を行っています。

TEL 03-5750-1741　FAX 03-5750-0734
メール you-are-angel@happy-science.org

シニア・プラン21

生涯反省で人生を再生・新生し、希望に満ちた生涯現役人生を生きる仏法真理道場です。週1回、開催される研修には、年齢を問わず、多くの方が参加しています。現在、全国8カ所（東京、名古屋、大阪、福岡、新潟、仙台、札幌、千葉）で開校中です。

東京校 TEL 03-6384-0778　FAX 03-6384-0779
メール senior-plan@kofuku-no-kagaku.or.jp

入会のご案内

あなたも、幸福の科学に集い、
ほんとうの幸福を
見つけてみませんか？

幸福の科学では、大川隆法総裁が説く仏法真理をもとに、
「どうすれば幸福になれるのか、また、
他の人を幸福にできるのか」を学び、実践しています。

入会

大川隆法総裁の教えを信じ、学ぼうとする方なら、どなたでも入会できます。入会された方には、『入会版「正心法語」』が授与されます。（入会の奉納は1,000円目安です）

ネットでも**入会**
できます。詳しくは、
下記URLへ。
happy-science.jp/joinus

三帰《さんき》誓願《せいがん》

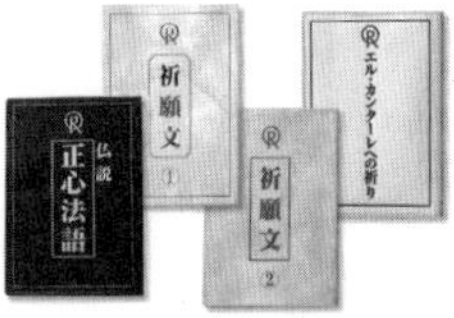

仏弟子としてさらに信仰を深めたい方は、仏・法・僧の三宝への帰依を誓う「三帰誓願式」を受けることができます。三帰誓願者には、『仏説・正心法語』『祈願文①』『祈願文②』『エル・カンターレへの祈り』が授与されます。

植福《しょくふく》の会

植福は、ユートピア建設のために、自分の富を差し出す尊い布施の行為です。布施の機会として、毎月1口1,000円からお申込みいただける、「植福の会」がございます。

「植福の会」に参加された方のうちご希望の方には、幸福の科学の小冊子（毎月1回）をお送りいたします。詳しくは、下記の電話番号までお問い合わせください。

月刊
「幸福の科学」

ザ・伝道

ヤング・ブッダ

ヘルメス・
エンゼルズ

INFORMATION	**幸福の科学サービスセンター** **TEL. 03-5793-1727**（受付時間 火～金：10～20時／土・日：10～18時） 宗教法人 幸福の科学 公式サイト **happy-science.jp**